Presentado a:

_____

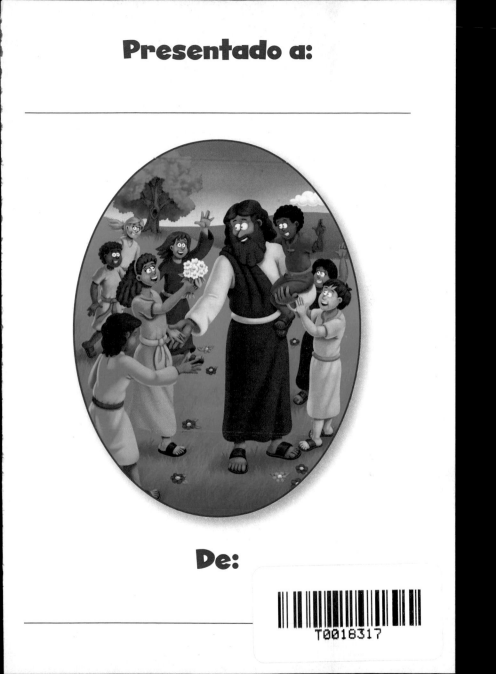

De:

La misión de Editorial Vida es ser la compañía líder en satisfacer las necesidades de las personas con recursos cuyo contenido glorifique al Señor Jesucristo y promueva principios bíblicos.

LA BIBLIA PARA PRINCIPIANTES, 100 DEVOCIONALES PARA LA HORA DE DORMIR
Edición en español publicada por
Editorial Vida – 2023
Nashville, Tennessee, Estados Unidos de América.

Traducción: *Gabriela De Francesco*
Colaboradora de contenido: *Crystal Bowman*
Adaptación del diseño al español: *Deditorial*
Ilustraciones: *Denis Alonso*
Diseño: *Diane Mielke*

ISBN: 978-0-82977-245-6
eBook: 978-0-82977-246-3

Número de control de la Biblioteca del Congreso: 2022951219

CATEGORÍA: JUVENIL NO FICCIÓN/ Religión / Vida cristiana / Devocionales y oración

IMPRESO EN INDIA
PRINTED IN INDIA

23 24 25 26 27 REP 9 8 7 6 5 4 3 2 1

La Biblia para principiantes

100 devocionales para la hora de dormir

Pensamientos y oraciones para finalizar el día

Contenido

Nota a los padres

A los niños les encanta leer y compartir… especialmente a la hora de dormir. Establecer una rutina al final del día ayuda al niño a relajarse antes de ir a dormir. También es el momento perfecto para leerle historias bíblicas o devocionales apropiados para niños, que pueden ayudarlo a crecer en su fe y su conocimiento de Dios.

Los devocionales de este libro están basados en las historias bíblicas de *La Biblia para principiantes*. Están organizados por tema, para que puedas leerlos en orden o buscar de uno en uno, con el fin de encontrar el que aborde alguna inquietud que tus hijos tengan.

Los temas son los siguientes:

Familia y amigos

Sé valiente

Sé sabio

Alabanza y acción de gracias

Peleas, celos y gente mala

Corazones que perdonan

Sirve con amabilidad

Paz, esperanza y paciencia

Amar a Dios y a los demás

El propósito de Dios para nosotros

Cada devocional incluye un versículo bíblico, un breve relato de una historia bíblica y un mensaje personal para ayudar a los pequeños oyentes a aplicar la verdad de la Palabra de Dios a su vida cotidiana. Los devocionales terminan con una breve oración nocturna que anima a los niños a hablar con Dios y contarle lo que tengan en el corazón.

Nuestra oración es que estos devocionales inspiren conversaciones significativas entre tú y tus hijos, mientras se preparan para dormir bien, y que en la medida que lean, oren y conversen, puedan ser bendecidos con la sabiduría, la esperanza y la paz que se recibie al pasar tiempo con Dios.

Familia y amigos

Luego Dios el SEÑOR dijo: «No es bueno que el hombre esté solo. Voy a hacerle una ayuda adecuada».

Génesis 2:18

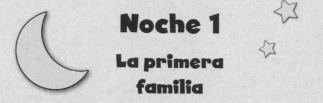

Noche 1

La primera familia

Cuando Dios hizo el mundo, creó a un hombre, Adán, y lo colocó en un bello jardín llamado Edén. Dios sabía que Adán necesitaba una amiga, así que creó a una mujer llamada Eva. Adán y Eva fueron los primeros esposos que vivieron sobre la tierra. Cuando tuvieron hijos, se transformaron en la primera familia.

Desde el principio, las familias han sido muy importantes para Dios. Él quiere que estemos rodeados de personas que nos aman.

Mi oración para la hora de dormir

Dios, esta noche y todas las noches, te doy gracias por crear a la familia.

Luego [Dios] lo llevó afuera y le dijo: —Mira hacia el cielo y cuenta las estrellas, a ver si puedes. ¡Así de numerosa será tu descendencia!

Génesis 15:5

Noche 2

La promesa de Dios a Abraham

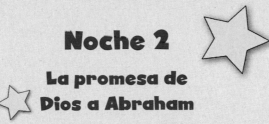

Abraham y Sara estaban tristes porque no tenían ningún hijo, pero Dios le prometió a Abraham: «Te bendeciré con muchos hijos. Tus tatara-tatara nietos serán como las estrellas… ¡demasiados como para contarlos!». Aunque Abraham y Sara eran ancianos, Dios les regaló un bebito, y muchos años después la promesa de Dios se cumplió. ¡La familia de Abraham tenía tantas personas que era imposible contarlas!

Dios nos promete cosas maravillosas. Una familia llena de amor es una bendición preciosa.

Mi oración para la hora de dormir

Dios, gracias por cumplir siempre tus promesas.

*... júrame [...] que irás a mi tierra, donde vive mi familia,
y de allí le escogerás una esposa [a Isaac].*

Génesis 24:3-4

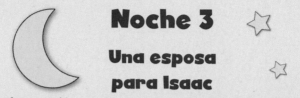

Noche 3

Una esposa para Isaac

Abraham envió a su siervo a su país de origen para encontrar una muchacha que se casara con su hijo Isaac. El siervo sabía que era una tarea muy importante, así que le pidió a Dios que lo ayudara. Dios respondió su oración y envió a Rebeca a encontrarse con él junto a un pozo de agua. Como ella fue muy amable, el siervo se dio cuenta de que era la indicada.

A Dios le importa quién se une a nuestra familia, y también le interesan las personas que elegimos como amigas. Podemos pedirle que traiga a las personas correctas a nuestras vidas.

Mi oración para la hora de dormir

Señor, gracias por los amigos y los familiares que traes a mi vida.

Pero Rut respondió: «¡No insistas en que te abandone o en que me separe de ti! Porque iré adonde tú vayas, y viviré donde tú vivas. Tu pueblo será mi pueblo, y tu Dios será mi Dios».

Rut 1:16

Noche 4

Rut y Noemí

Noemí estaba triste porque su esposo y sus dos hijos habían muerto. Su nuera, Rut, amaba a Noemí y quería cuidarla. Cuando Noemí planeó volver a su hogar en Israel, le dijo a Rut que se quedara en su propia tierra. Pero Rut le respondió: «Iré adonde tú vayas». Dios bendijo a Rut por ser una buena nuera para Noemí.

Cuando somos amables con las personas de nuestra familia y les mostramos amor, Dios también nos bendice.

Mi oración para la hora de dormir

Señor, ayúdame a ocuparme de mis familiares y a ser bondadoso con ellos, mañana y siempre.

13

[Jonatán] quería a David como a sí mismo. Por ese cariño que le tenía, pidió a David confirmar el pacto bajo juramento.

1 Samuel 20:17

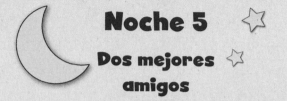

Noche 5

Dos mejores amigos

Jonatán era el hijo del rey Saúl, pero Dios eligió a David para que fuera el próximo rey, en lugar de escoger a Jonatán. En vez de estar celoso de David, Jonatán era su mejor amigo. Incluso lo protegió cuando el rey Saúl quiso lastimarlo. David y Jonatán prometieron ser mejores amigos para siempre, incluso si tenían que estar lejos.

Dios quiere que nos preocupemos por nuestros amigos y los tratemos como queremos que ellos nos traten.

Mi oración para la hora de dormir

Dios, ayúdame a ser un buen amigo para todos.

*... [los profetas] exclamaron: «¡El espíritu de
Elías se ha posado sobre Eliseo!».*

2 Reyes 2:15

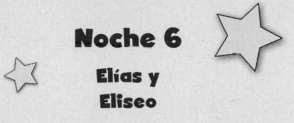

Noche 6

Elías y
Eliseo

Elías era un profeta que le hablaba a la gente sobre el amor de
Dios. Dios le dio a Elías un amigo y ayudante llamado Eliseo, el
cual aprendió muchas cosas de Elías. Cuando Elías ya era anciano,
Eliseo le dijo: «Quiero el doble del espíritu que Dios te ha dado».
Cuando Elías se fue al cielo, Dios le dio a Eliseo lo que había
pedido.

Cuando nuestros amigos vean cuánto amamos a Dios, ¡tal vez
también quieran amarlo!

Mi oración para la hora de dormir

**Señor, lléname con tu Espíritu, para
que pueda amarte más cada día.**

*Al llegar la mañana, llamó a sus discípulos y escogió
a doce de ellos, a los que nombró apóstoles.*

Lucas 6:13

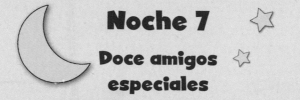

Noche 7

Doce amigos especiales

Jesús tenía muchos amigos cuando vivió en la tierra. Ellos lo escuchaban y él les enseñaba sobre el amor de Dios. Pero tenía doce amigos especiales, a los cuales llamaba apóstoles o discípulos. Él le pidió a cada uno de ellos que dejara su hogar y lo siguiera, para poder ayudarlo en su misión.

Jesús también quiere ser tu amigo. No hace falta que dejes tu hogar. Puedes seguir a Jesús amándolo y compartiendo su amor con tus amigos y familiares.

Mi oración para la hora de dormir

**Jesús, quiero ser tu amigo. Ayúdame
a seguirte cada día.**

Como no podían acercarlo a Jesús por causa de la multitud, quitaron parte del techo encima de donde estaba Jesús y, luego de hacer una abertura, bajaron la camilla en la que estaba acostado el paralítico.

Marcos 2:4

Noche 8

Cuatro buenos amigos

Cuatro hombres tenían un amigo que no podía caminar. Ellos lo llevaron a una casa donde Jesús estaba enseñando, pero había demasiada gente adentro. Entonces, subieron a su amigo al techo y lo bajaron en una camilla hasta colocarlo frente a Jesús. «Tus pecados quedan perdonados», dijo Jesús. «Levántate, toma tu camilla y anda». El hombre se levantó y salió por la puerta, alabando a Dios.

Jesús se pone contento cuando nos ocupamos de nuestros amigos e intentamos ayudarlos. Cuando oramos por nuestros amigos, podemos pedirle a Dios que los bendiga.

Mi oración para la hora de dormir

**Jesús, ayúdame a compartir tu
amor con mis amigos mañana.**

Cuando Jesús oyó esto, dijo: «Esta enfermedad no terminará en muerte, sino que es para la gloria de Dios, para que por ella el Hijo de Dios sea glorificado».

Juan 11:4

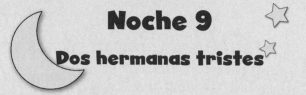

Noche 9
Dos hermanas tristes

María y Marta eran amigas de Jesús. Cuando su hermano Lázaro se enfermó, Marta le envió un mensaje a Jesús para que fuera rápido. Pero Lázaro murió antes de que Jesús llegara. Las hermanas lloraron cuando vieron a Jesús, y él también lloró. Jesús oró en voz alta a Dios, para que todos supieran que el poder de Dios estaba en él. Después, dijo: «¡Lázaro, sal fuera!». ¡Y Lázaro salió caminando de su tumba!

Jesús les mostró a todos cuánto amaba a sus amigos y cómo se interesaba por ellos. Él también quiere que amemos a nuestros amigos.

Mi oración para la hora de dormir

Jesús, ¡amas tanto a las personas! Ayúdame a amar a los demás todos los días, al igual que tú.

18

*No dejaban de reunirse unánimes en el Templo ni un
solo día. De casa en casa partían el pan y compartían
la comida con alegría y generosidad.*

Hechos 2:46

Noche 10

La gran
familia de Dios

Después de que Jesús se fue al cielo, sus seguidores les hablaban a todos sobre él. A las personas que creían en Jesús se les llamaba *cristianos*. Se reunían en las casas para cantar, orar y hablar sobre Dios. También comían juntos. Eran como una gran familia feliz.

¿Sabías que tú puedes ser parte de la familia de Dios? Si crees en Jesús como tu Salvador, entonces eres parte de la gran familia de Dios.

Mi oración para la hora de dormir

**Gracias, Dios, por recordarme esta noche que
puedo ser parte de tu familia si creo en Jesús.**

19

Sé valiente

—Yo estaré contigo —respondió Dios—. Y te voy a
dar una señal de que soy yo quien te envía.

Éxodo 3:12

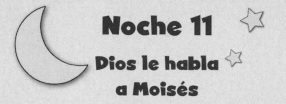

Noche 11

Dios le habla a Moisés

Moisés creció en Egipto, pero después fue pastor de ovejas en Madián. Un día, Moisés vio un arbusto encendido con fuego. Dios le habló a Moisés desde el arbusto y le dijo: «Voy a enviarte al faraón para que saques de Egipto a los israelitas, que son mi pueblo». Moisés tenía miedo y no quería ir, pero Dios le prometió que estaría con él y lo ayudaría.

Si tienes miedo de hacer algo, recuerda que Dios está contigo. Él también te ayudará.

Mi oración para la hora de dormir

Gracias, Señor, porque me ayudas cuando tengo miedo.

*—No tengan miedo —les respondió Moisés—. Mantengan
sus posiciones, que hoy mismo serán testigos de la
salvación que el Señor realizará en favor de ustedes.*

Éxodo 14:13

Noche 12

Una noche de mucho miedo

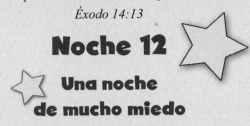

Durante la noche, los israelitas escaparon de Egipto. Cuando
llegaron al Mar Rojo, pensaron que estaban atrapados y se quejaron
contra Moisés. El ejército del faraón los perseguía y pronto los
alcanzaría. Dios le dijo a Moisés: «¡Extiende tu vara sobre el mar!».
De repente, el mar se partió en dos, y el pueblo pasó caminando
hasta el otro lado.

Cuando algo parece imposible, ora a Dios y observa lo que puede
hacer.

Mi oración para la hora de dormir

**Señor, ¡puedes hacer cosas
imposibles! Confío en ti.**

23

El Señor dijo a Moisés: «Envía a algunos de tus hombres a explorar la tierra de Canaán que estoy por entregar a los israelitas. De cada tribu enviarás a un líder que la represente».

Números 13:1-2

Noche 13

Dos espías valientes

Cuando los israelitas se estaban acercando a la tierra prometida, Moisés envió a doce espías para ver cómo era el lugar. Diez espías volvieron con miedo y dijeron: «El pueblo que habita allí es poderoso, y sus ciudades son enormes y están fortificadas». Pero Josué y Caleb eran valientes, y anunciaron: «La tierra que recorrimos y exploramos es hermosa y está llena de comida deliciosa. Dios nos dará la tierra que nos prometió».

Cuando creemos en las promesas de Dios, como hicieron Josué y Caleb, no tenemos nada que temer.

Mi oración para la hora de dormir

Señor, ayúdame a recordar tus promesas; en especial cuando siento miedo.

—Pero, señor —objetó Gedeón—, ¿cómo voy a salvar a Israel? Mi clan es el más débil de la tribu de Manasés y yo soy el más insignificante de mi familia.

Jueces 6:15

Noche 14

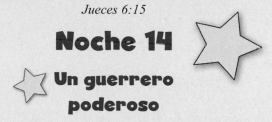

Un guerrero poderoso

Dios envió a un ángel a hablar con un hombre llamado Gedeón. «¡El Señor está contigo, guerrero valiente!», le dijo el ángel. «Dios quiere que salves al pueblo de los madianitas». Gedeón no se sentía como un guerrero. Su familia no era importante. Pero Dios le dijo qué hacer y lo ayudó a rescatar a los israelitas.

No hace falta ser alguien muy importante para que Dios te use. Si escuchas a Dios y confías en él, puede ayudarte a hacer cosas maravillosas.

Mi oración para la hora de dormir

Señor, me alegra que puedas usarme para hacer cosas importantes hoy, mañana y todos los días.

El Señor, que me libró de las garras del león y del oso,
también me librará de la mano de ese filisteo.

1 Samuel 17:37

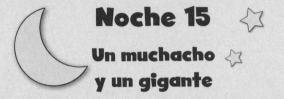

Noche 15

Un muchacho y un gigante

Goliat era un gigante enorme y malo. Nadie se atrevía a pelear contra él, menos David, un joven pastorcito de ovejas. David era más valiente que todos los soldados de Israel, porque sabía que Dios lo ayudaría. Este joven recogió cinco piedras y puso una en su honda. Después, agitó la honda y lanzó una piedra que le pegó a Goliat en la frente. *¡Bam!* ¡El gigante se desplomó sobre el suelo!

Cuando necesites ser valiente, recuerda que Dios es más grande y fuerte que cualquier problema que puedas tener.

Mi oración para la hora de dormir

Señor, puedo ser fuerte y valiente
porque estás conmigo.

*¡Quién sabe si precisamente has llegado al
trono para un momento como este!*

Ester 4:14

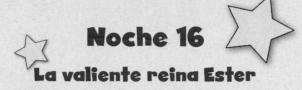

Noche 16

La valiente reina Ester

La reina Ester tenía miedo porque su esposo, el rey, había hecho una ley para deshacerse de los judíos. El rey no sabía que Ester era judía. Pero, en vez de ocultárselo, ella le dijo la verdad. Ester puso su propia vida en peligro para intentar salvar a su pueblo. Pensó que el rey se enojaría con ella, pero no fue así, sino que cambió la ley. Dios usó a Ester para salvar al pueblo judío.

A veces, puede darnos miedo hablar de algo que nos está molestando, pero siempre es mejor decir la verdad. Pídele a Dios que te ayude a expresar lo que quieres decir.

Mi oración para la hora de dormir

**Señor, por favor, ayúdame a ser valiente
y hablar cuando lo necesite.**

Mi Dios envió a su ángel, quien cerró la boca a los leones. No me han hecho ningún daño, porque Dios bien sabe que soy inocente.

Daniel 6:22

Noche 17

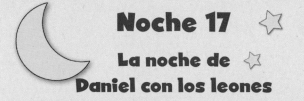

La noche de Daniel con los leones

Daniel era el mejor ayudante del rey. Los demás ayudantes estaban celosos y no lo querían. Estos hombres le dijeron al rey Darío que hiciera una ley para que todos le oraran solo a él. Daniel no obedeció esa ley; en cambio, le obedeció a Dios. Siguió orando a Dios, y por eso lo arrojaron a un foso con leones toda una noche. Daniel no tenía miedo, y Dios lo protegió.

Cuando alguien te dice que hagas algo que sabes que está mal, recuerda que obedecer a Dios siempre es lo correcto.

Mi oración para la hora de dormir

Señor, dame la valentía para obedecerte todos los días, aun cuando sea difícil.

*Así que no se preocupen diciendo: «¿Qué comeremos?» o
«¿Qué beberemos?» o «¿Con qué nos vestiremos?».*

Mateo 6:31

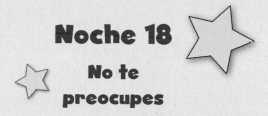

Noche 18

No te
preocupes

Un día, Jesús se paró sobre una colina para que todos pudieran
verlo y escucharlo cnseñar. «No se preocupen por nada», dijo. «Dios
les da comida a las aves, y viste las flores de colores hermosos.
Ustedes son más importantes que ellos, así que Dios también los
cuidará».

Las palabras de Jesús son verdad para nosotros hoy. Cuando te
sientas asustado o preocupado, recuerda que Dios cuida de las flores
y las aves, así que puedes confiar en que cuidará de ti.

Mi oración para la hora de dormir

**Gracias, Señor, porque no tengo que
preocuparme, ya que me cuidas muy bien.**

Los discípulos, al verlo caminar sobre el agua, creyeron que era un fantasma y se pusieron a gritar, llenos de miedo por lo que veían. Pero él habló enseguida con ellos y les dijo: «¡Cálmense! Soy yo. No tengan miedo».

Marcos 6:49-50

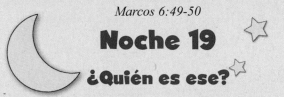

Noche 19

¿Quién es ese?

Una noche, los discípulos estaban en su barca mientras Jesús se encontraba a la orilla del lago. De repente, se desató una tormenta, y Jesús supo que los discípulos necesitaban ayuda. Cuando Jesús caminaba hacia ellos sobre el agua, los discípulos gritaron muertos de miedo, porque creían que era un fantasma. Pero apenas Jesús se subió a la barca, la tormenta paró.

Cuando suceden cosas que te dan miedo, recuerda que Jesús está siempre contigo, no importa dónde estés. Él puede calmar cualquier tormenta.

Mi oración para la hora de dormir

Jesús, gracias por estar conmigo esta noche y siempre.

... Pero Pablo le gritó: —¡No te hagas ningún daño! ¡Todos estamos aquí! El carcelero pidió luz, entró precipitadamente y se echó temblando a los pies de Pablo y de Silas.

Hechos 16:28-29

Noche 20

El guardia de la prisión

A Pablo y a Silas los metieron en la cárcel por hablar sobre Jesús a otros. Una noche, un terremoto hizo que se abrieran las puertas, y a los prisioneros se les cayeron las cadenas. El carcelero estaba aterrado y pensó que los presos se habían escapado, pero no era así. Entonces, les preguntó a Pablo y a Silas qué podía hacer para ser salvo. «Cree en el Señor Jesús; así tú y tu familia serán salvos», le dijeron. El carcelero creyó y se bautizó.

Tener miedo puede acercarnos más a Dios. Cuando creemos en Jesús, él quita nuestro temor.

Mi oración para la hora de dormir

**Jesús, gracias por ser mi Salvador.
Ayúdame a seguir creyendo en ti.**

Sé sabio

*Allí tienes toda la tierra a tu disposición. Por favor, aléjate
de mí. Si te vas a la izquierda, yo me iré a la derecha y
si te vas a la derecha, yo me iré a la izquierda.*

Génesis 13:9

Noche 21

La buena
idea de Abraham

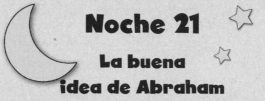

Dios le dijo a Abraham que se mudara a una tierra nueva. Lo
acompañaron su esposa Sara, su sobrino Lot y muchos sirvientes. Al
poco tiempo, eran demasiados para estar en un mismo lugar, y los
sirvientes empezaron a discutir. Abraham fue muy sabio. Él sabía
que había suficiente tierra para todos. Así que le dijo a Lot: «Elige
la tierra que quieras, y yo me iré para el otro lado».

Cuando tus amigos no se pongan de acuerdo, pídele a Dios que te
dé sabiduría para resolver las cosas.

Mi oración para la hora de dormir

**Señor, cuando haya algún problema, ayúdame
a actuar con sabiduría y a saber qué hacer.**

Luego [el faraón] dijo a José: —Puesto que Dios te ha revelado todo esto, no hay nadie más competente y sabio que tú.

Génesis 41:39

Noche 22

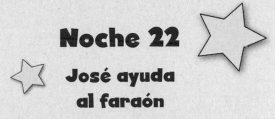

José ayuda al faraón

José estaba viviendo en Egipto cuando el faraón tuvo unos sueños muy extraños. Dios ayudó a José a entender el significado de esos sueños, así que el faraón le encargó que preparara la tierra de Egipto para una época de mucha hambre. «Eres muy sabio», dijo el faraón. Pero José respondió: «Dios le ha mostrado lo que está por hacer». José sabía que su sabiduría venía de parte de Dios.

Cuando no estés seguro de algo, pídele a Dios que te ayude a entender lo que quiere que hagas.

Mi oración para la hora de dormir

Señor, por favor dame tu sabiduría y tu comprensión todos los días.

Ella tenía su tribunal bajo la Palmera de Débora [...], y los israelitas acudían a ella para resolver sus disputas.

Jueces 4:5

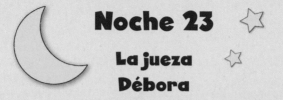

Noche 23

La jueza Débora

Dios envió a personas llamadas *jueces* a guiar a los israelitas cuando vivían en la tierra prometida. Débora era una jueza sabia que ayudaba a los israelitas a seguir a Dios. Cuando Dios quiso que su pueblo luchara contra un rey malvado, le dio a Débora un plan para ayudar a los israelitas a ganar la batalla. Entonces Débora alabó a Dios por la victoria.

La mejor manera de ser un líder sabio es ayudar a otros a seguir a Dios.

Mi oración para la hora de dormir

Dios, quiero ayudar a otros a seguirte. Guíame mientras doy el primer paso.

Mientras Samuel crecía, el Señor estuvo con él y
cumplió todo lo que había dicho por medio de él.
1 Samuel 3:19

Noche 24

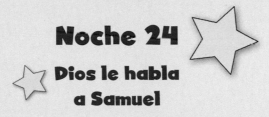

Dios le habla
a Samuel

Samuel vivía en el templo con el sacerdote Elí. Una noche,
escuchó que alguien lo llamaba tres veces. Samuel pensó que
era Elí, pero Elí le dijo que era Dios el que lo llamaba. Cuando
Samuel volvió a escuchar su nombre, respondió: «Habla, Señor; te
escucho». Samuel se transformó en un profeta sabio que daba los
mensajes de Dios al pueblo.

Hoy, los mensajes de Dios están en la Biblia. Mientras lees sus
palabras, puedes escuchar cómo Dios te habla.

Mi oración para la hora de dormir

Señor, háblame esta noche. Ayúdame a
escuchar. Quiero saber más de ti.

37

*Yo te ruego que des a tu siervo discernimiento para gobernar
a tu pueblo y para distinguir entre el bien y el mal.*

1 Reyes 3:9

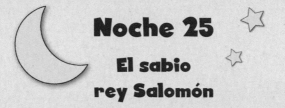

Noche 25

El sabio
rey Salomón

Una noche, el rey Salomón tuvo un sueño. Dios le dijo: «Pide
lo que quieras y te lo daré». El rey Salomón le pidió a Dios que
le diera sabiduría para poder reconocer la diferencia entre el bien
y el mal. A Dios le agradó esto, y le dio a Salomón un corazón
sabio y entendido. Entonces se transformó en el rey más sabio del
mundo.

Si le pides sabiduría a Dios, él te la dará y le agradará hacerlo.

Mi oración para la hora de dormir

**Dame sabiduría, Señor, para que pueda
saber lo que está bien y lo que está mal.**

*Así que Naamán bajó al Jordán y se sumergió siete veces,
según se lo había ordenado el hombre de Dios...*

2 Reyes 5:14a

Noche 26

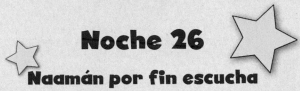

Naamán por fin escucha

Naamán era un jefe del ejército que tenía una enfermedad de la piel que se llama *lepra*. El profeta Eliseo le dijo que se sumergiera siete veces en el río Jordán para sanarse de la lepra. A Naamán no le gustó la idea. Pero sus criados le dijeron: «¡Haga lo que dice Eliseo!». Naamán fue sabio cuando por fin escuchó. Se sumergió en el río siete veces y se le fue la enfermedad de la piel.

A veces, Dios nos da a personas que pueden ayudarnos. Si las escuchamos, somos sabios.

Mi oración para la hora de dormir

**Dios, mañana durante todo el día, ayúdame
a escuchar con atención el consejo sabio
de las personas que te aman.**

Ni antes ni después de Josías hubo otro rey que, como él, se volviera al Señor de todo corazón, con toda el alma y con todas sus fuerzas, siguiendo en todo la Ley de Moisés.

2 Reyes 23:25

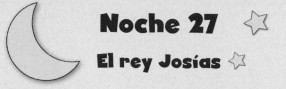

Noche 27

El rey Josías

Josías tenía tan solo ocho años cuando llegó a ser rey de Judá. Arregló el templo para que el pueblo de Dios pudiera adorar ahí. Un sacerdote encontró el libro de la ley de Dios y Josías se lo leyó a todos. Josías fue un rey sabio porque amaba a Dios y quería hacer lo correcto. También ayudó al pueblo a amar y obedecer a Dios.

Amar y obedecer a Dios siempre es la opción correcta.

Mi oración para la hora de dormir

Señor, aunque soy joven, ayúdame a amarte y obedecerte cada día.

—¿Dónde está el que ha nacido rey de los judíos? —preguntaron—.
Vimos levantarse su estrella y hemos venido a adorarlo.

Mateo 2:2

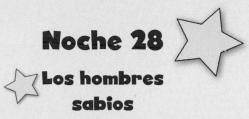

Noche 28

Los hombres
sabios

Cuando nació Jesús, Dios puso una estrella brillante en el
cielo. Unos hombres sabios la vieron y se dieron cuenta de lo que
significaba. Estaban muy emocionados por ver a Jesús. Siguieron la
estrella por un largo, largo camino, hasta que encontraron a Jesús.
Le dieron regalos especiales y lo adoraron.

Hoy podemos encontrar a Jesús si creemos en él. Y, al igual que
los hombres sabios, podemos darle nuestros regalos y adorarlo.

Mi oración para la hora de dormir

Jesús, hay gente sabia que te sigue buscando.
Yo también quiero buscarte y adorarte.

41

María ha escogido la mejor [parte] y nadie se la quitará.
Lucas 10:42b

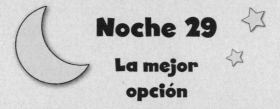

Noche 29

La mejor opción

Jesús estaba en la casa de sus amigas Marta y María. María se sentó a sus pies para escuchar todo lo que decía. Marta se enojó porque María no la ayudaba con las tareas que había que hacer en la casa. Pero Jesús le dijo: «No te enojes. María está escuchándome, y eso es mejor».

Es importante trabajar, pero también necesitamos pasar tiempo escuchando a Jesús.

Mi oración para la hora de dormir

Jesús, esta noche estoy feliz de poder escucharte al leer tus palabras en la Biblia.

Desconcertados y maravillados, decían: «¿No son galileos todos estos que están hablando? ¿Cómo es que cada uno de nosotros los oye hablar en su lengua materna?».

Hechos 2:7-8

Noche 30

Sabiduría del Espíritu Santo

Después de que Jesús se fue al cielo, sus seguidores empezaron a reunirse. Durante una reunión, escucharon el sonido del viento, y sobre sus cabezas aparecieron pequeñas llamas de fuego. Esto era el Espíritu Santo que Dios envió para darles sabiduría y poder, y así pudieran hablarles a otros de Jesús. Todos los que los escuchaban se maravillaban porque los oían hablar en otros idiomas.

El Espíritu Santo también es nuestro ayudador. Puedes pedirle que te dé la sabiduría y el poder para hablarles a otros de Jesús.

Mi oración para la hora de dormir

Señor, lléname con tu Espíritu Santo.

Alabanza y acción de gracias

Salieron, pues, del arca Noé y sus hijos, su esposa y sus nueras. También salieron todos los animales...

Génesis 8:18-19a

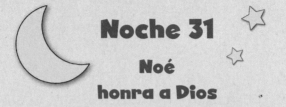

Noche 31

Noé honra a Dios

Dios mantuvo a salvo a Noé y a su familia dentro del arca mientras un gran diluvio cubría la tierra. Después de muchas semanas y meses, la familia de Noé y todos los animales por fin pudieron salir. Noé dio gracias a Dios por haberlo cuidado, y alabó a Dios para darle honra. Después, Dios puso un arcoíris en el cielo y prometió no volver a enviar un diluvio nunca más sobre la tierra.

Cuando veas un arcoíris, puedes darle gracias a Dios por su maravillosa promesa.

Mi oración para la hora de dormir

**Dios, gracias por tu promesa del arcoíris.
Por favor, cuídame a lo largo de mi día.**

*El Señor es mi fuerza y mi canción; ¡él es mi salvación! Él es
mi Dios y lo alabaré; es el Dios de mi padre y lo enalteceré.*

Éxodo 15:2

Noche 32

Libre al fin

Dios hizo un milagro increíble cuando ayudó a los israelitas a
escapar de Egipto. Después de que ellos cruzaron el Mar Rojo sobre
tierra seca, sus corazones estaban llenos de alegría porque Dios los
había cuidado. Los israelitas cantaron una canción de alabanza para
darle gracias a Dios por salvarlos del ejército del faraón.

Dios siempre es bueno con nosotros. Podemos darle gracias con
nuestras palabras o alabarlo con una canción.

Mi oración para la hora de dormir

**Gracias, Señor, por las cosas que
me han traído alegría hoy.**

«Mi corazón se alegra en el Señor; en él radica mi poder...».
1 Samuel 2:1a

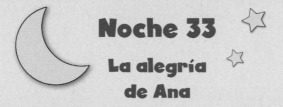

Noche 33

La alegría de Ana

Ana estaba triste porque no podía tener hijos. Oró en voz alta y le pidió a Dios que le diera un hijo. «Te prometo que él te servirá», dijo ella. Dios escuchó la oración de Ana y le dio un niño llamado Samuel. Ana estaba tan feliz que oró dando gracias a Dios.

Dios escucha nuestras oraciones. Cuando las responde, podemos darle gracias con alegría en nuestro corazón.

Mi oración para la hora de dormir

Dios, por favor, escucha la oración que hay en mi corazón esta noche. Gracias por tu amor.

Oh Señor, Soberano nuestro, ¡qué imponente es tu nombre en toda la tierra! ¡Has puesto tu gloria sobre los cielos!

Salmos 8:1

Noche 34

Canciones de alabanza

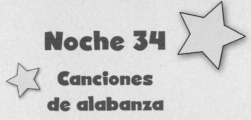

A David le gustaba tocar el arpa y cantar canciones a Dios. Escribió muchas canciones y oraciones llamadas *salmos*. Puedes leerlas en la Biblia. Muchas veces miraba al cielo y alababa a Dios por su bella creación. En muchos de sus salmos, David canta sobre la grandeza y el amor de Dios.

Leer los salmos nos ayuda a alabar a nuestro gran Dios y a entender cuánto nos ama. ¡Incluso puedes cantarlos en voz alta!

Mi oración para la hora de dormir

Gracias por los salmos, que me ayudan a celebrar tu creación y a alabarte cada día, Señor.

«*Señor, Dios de Israel, no hay Dios como tú arriba en el cielo ni abajo en la tierra, pues tú cumples tu pacto de amor con quienes te sirven y te siguen de todo corazón*».

1 Reyes 8:23

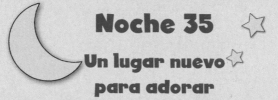

Noche 35

Un lugar nuevo para adorar

El rey Salomón estaba muy agradecido a Dios por haberlo elegido para edificar el templo del pueblo de Israel. Miles de obreros trabajaron durante siete años para construir ese templo con madera, oro y piedra. Cuando quedó terminado, el pueblo celebró que tenía un hermoso lugar nuevo para adorar a Dios. La gente se había esforzado mucho para construir un lugar especial para adorar a Dios, porque él es grande y merece nuestra alabanza.

Nadie es más grande que Dios, y por eso lo alabamos.

Mi oración para la hora de dormir

Señor, te alabaré y te daré gracias cada día, porque eres un Dios grande.

Los pastores regresaron glorificando y alabando a Dios por lo que habían visto y oído, pues todo sucedió tal como se les había dicho.

Lucas 2:20

Noche 36

Pastores felices

Fue una noche muy emocionante, cuando un ángel se les apareció a unos pastores que cuidaban sus ovejas. El ángel dijo: «¡Ha nacido Jesús el Salvador! Lo encontrarán en un pesebre en Belén». Los pastores salieron corriendo hacia el pesebre. Ahí encontraron al bebé Jesús y lo adoraron. Les contaron a todos la noticia y alabaron a Dios con mucha alegría.

Al igual que los pastores, podemos darle gracias a Dios por Jesús y compartir la buena noticia con alegría.

Mi oración para la hora de dormir

Gracias, Dios, por el regalo de tu Hijo. Ayúdame a compartir la buena noticia de Jesús mañana.

51

Uno de ellos, al verse ya sano, regresó alabando a Dios a grandes voces. Cayó rostro en tierra a los pies de Jesús y le dio las gracias...

Lucas 17:15-16

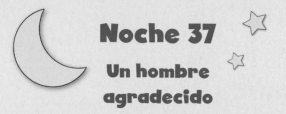

Noche 37

Un hombre agradecido

Diez leprosos llamaron a Jesús mientras él pasaba por su pueblo. «¡Por favor, sánanos, Jesús!», le pidieron. Jesús les dijo que fueran y se presentaran delante de los sacerdotes. Mientras iban de camino, las heridas en su piel se sanaron. ¡Estaban contentísimos! Pero solo un hombre volvió a darle las gracias a Jesús.

Cuando nos acordamos de darle gracias a Jesús por lo que hace, eso muestra que tenemos un corazón agradecido.

Mi oración para la hora de dormir

Señor, dame un corazón agradecido por lo que has hecho por mí hoy.

... Y la casa se llenó de la fragancia del perfume.

Juan 12:3b

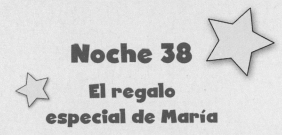

Noche 38

El regalo
especial de María

Jesús estaba de visita en la casa de sus amigos María, Marta y Lázaro. María derramó un perfume muy caro sobre los pies de Jesús y luego le secó los pies con su cabello. Judas, que era uno de los discípulos de Jesús, pensó que eso era malgastar el dinero. Pero Jesús dijo que María lo estaba honrando. El corazón de María estaba lleno de amor y gratitud a Jesús, porque era su Señor y Salvador. Jesús merece nuestros mejores regalos de gratitud. Nada de lo que hagamos es suficiente para agradecerle.

Mi oración para la hora de dormir

**Jesús, quiero mostrarte lo agradecido
que estoy por tu amor.**

... todos los discípulos se entusiasmaron y comenzaron a alabar a Dios por tantos milagros que habían visto.

Lucas 19:37

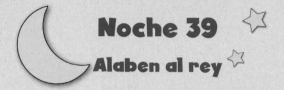

Noche 39

Alaben al rey

Durante la fiesta de la Pascua, Jesús entró a Jerusalén montado en un burrito. Sus seguidores aplaudían y sacudían ramas de palmera mientras él pasaba por la ciudad. Estaban entusiasmados y agradecidos porque Dios lo había enviado para ser su Salvador y su Rey. Gritaban: «¡Hosana! ¡Bendito el rey que viene en el nombre del Señor!».

Al igual que los seguidores de Jesús, podemos cantar alabanzas para agradecerle por ser nuestro Salvador y Rey, el que gobierna sobre todo.

Mi oración para la hora de dormir

Gracias, Señor Jesús. Te alabo por ser mi rey todos los días.

De un salto se puso en pie y comenzó a caminar. Luego entró con ellos en el Templo con sus propios pies, saltando y alabando a Dios.

Hechos 3:8

Noche 40

Saltar de alegría

Un hombre que no podía caminar se sentaba junto al templo todos los días a pedir que lo ayudaran con dinero. Cuando Pedro y Juan lo vieron, le dijeron: «No tenemos dinero para darte, pero podemos hacer algo más por ti. En el nombre de Jesús, ¡levántate y anda!». Las piernas del hombre se fortalecieron. Entonces, se puso de pie de un salto y alabó a Dios.

Cuando Dios te usa para hacer algo grande, alábalo y dale la gloria. Y cuando haga algo grandioso para ti, ¡ponte de pie y salta de alegría!

Mi oración para la hora de dormir

Dios, ¡mañana lléname de tanta alegría que quiera saltar y saltar!

55

Peleas, celos y gente mala

*Pero Isaac respondió: —Tu hermano vino y me engañó
y se llevó la bendición que a ti te correspondía.*

Génesis 27:35

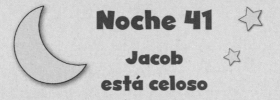

Noche 41

Jacob está celoso

Esaú y Jacob eran mellizos. Esaú era el mayor, y los hermanos mayores recibían un regalo especial, llamado *primogenitura,* de parte de su padre. Jacob estaba celoso y convenció a Esaú de que le intercambiara esa bendición especial por un plato de guiso. Después Jacob engañó a su padre, Isaac, para que lo bendijera a él en lugar de a Esaú. Jacob tuvo que huir, porque Esaú se puso furioso.

Los celos pueden dañar a tus amigos y tu familia. En vez de estar celoso, confía en que Dios te dará las bendiciones que quiere que tengas.

Mi oración para la hora de dormir

**Dios, ayúdame a estar feliz con
lo que me das cada día.**

Cuando José llegó adonde estaban sus hermanos, le arrancaron la túnica muy elegante, lo agarraron y lo echaron en una cisterna.

Génesis 37:23-24

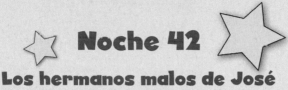

Noche 42

Los hermanos malos de José

Jacob tenía doce hijos, pero José era su favorito. Jacob le hizo una túnica colorida, y eso puso celosos a sus hermanos. Más adelante, José tuvo algunos sueños que hicieron enojar a sus hermanos. Terminaron metiéndolo en un pozo y después lo vendieron a unos mercaderes. Los hermanos fueron muy malos con José, pero Dios tenía planes para él, para que se transformara en un gobernador importante.

No siempre sabemos por qué ocurren cosas malas, pero podemos confiar en que Dios estará con nosotros pase lo que pase.

Mi oración para la hora de dormir

Cuando no entiendo por qué pasan las cosas, Señor, ayúdame a confiar en ti.

Esa misma noche, mandó llamar el faraón a Moisés y a Aarón y les ordenó: «¡Largo de aquí! ¡Aléjense de mi pueblo ustedes y los israelitas! ¡Vayan a adorar al Señor, como lo han estado pidiendo!».

Éxodo 12:31

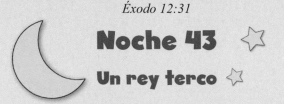

Noche 43

Un rey terco

Al faraón le molestaba que tantos israelitas vivieran en Egipto. Era malo y los hacía trabajar mucho como esclavos. Dios envió a Moisés a rescatarlos, pero el faraón le dijo: «¡De ninguna manera!». Así que Dios envió plagas, una tras otra, hasta que por fin el faraón cambió de opinión y les rogó a los israelitas que se fueran.

Dios es más grande que cualquier gobernante, rey o persona. Puede protegerte de todos los que te traten mal.

Mi oración para la hora de dormir

Dios, protégeme con tu poder mañana y siempre.

«Si se me afeitara la cabeza, perdería mi fuerza y llegaría a ser tan débil como cualquier otro hombre».

Jueces 16:17b

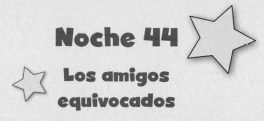

Noche 44

Los amigos equivocados

Dios le dio a Sansón una fuerza grandísima para que salvara a los israelitas de los malvados filisteos. Pero Sansón se hizo amigo de una filistea llamada Dalila. Esto no era lo que Dios quería. Dalila averiguó el secreto de la fuerza de Sansón. Ella le cortó el cabello mientras él dormía, y Dios le quitó la fuerza a Sansón.

Los que te tratan mal no son buenos amigos, aunque tú quieras que lo sean. Pídele a Dios que te ayude a encontrar amigos bondadosos.

Mi oración para la hora de dormir

Señor, ayúdame a tener amigos buenos.

[Saúl] intentó clavarlo en la pared con la lanza, pero David esquivó el golpe de Saúl, de modo que la lanza quedó clavada en la pared. Esa misma noche David se dio a la fuga.

1 Samuel 19:10

Noche 45

Un rey celoso

Al principio, el rey Saúl era un buen rey. Nombró a David comandante de su ejército. David ganó muchas batallas, y al poco tiempo, el pueblo lo quería más que a Saúl. Esto puso muy celoso a Saúl, e intentó lastimar a David. Saúl ya no era un rey bueno, ya no honraba a Dios. Dios escogió a David para que fuera el próximo rey de Israel.

Dios siempre tiene el control y bendice a quienes lo honran.

Mi oración para la hora de dormir

Señor, ayúdame a honrarte y seguirte cada día.

—¡Pues miren! —exclamó—. Allí en el fuego veo a cuatro hombres, sin ataduras y sin daño alguno, ¡y el cuarto tiene la apariencia de un hijo de los dioses!

Daniel 3:25

Noche 46

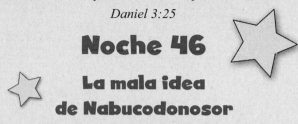

La mala idea de Nabucodonosor

El rey Nabucodonosor capturó a unos israelitas y los llevó a Babilonia. Hizo una estatua de oro y mandó que todos la adoraran. Sadrac, Mesac y Abednego amaban a Dios. Ellos dijeron que no iban a adorar la estatua. «¡Arrójenlos al horno en llamas!», gritó el rey. El fuego no los lastimó porque Dios envió un ángel para protegerlos.

Dios es el único Dios verdadero, y nadie puede obligarte a adorar a nada ni nadie más.

Mi oración para la hora de dormir

Dios, ¡solo te adoraré a ti!

*[Herodes] los envió a Belén y les dijo: —Vayan e infórmense
bien de ese niño y tan pronto como lo encuentren,
avísenme para que yo también vaya y lo adore.*

Mateo 2:8

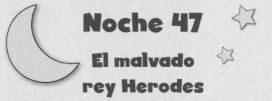

Noche 47

El malvado rey Herodes

El rey Herodes se molestó cuando los hombres sabios le dijeron
que había nacido un nuevo rey. «Díganme adónde encontrarlo, para
que pueda ir a adorarlo», les dijo. Pero Herodes no quería adorar
al bebé Jesús. Quería lastimarlo, porque no deseaba que nadie más
fuera el rey. Un ángel les dijo a los sabios que volvieran a su casa
por otro camino, para que Herodes no los viera.

Dios protegió a Jesús de un rey malo y celoso. Los planes de
Herodes no se cumplieron, pero los planes de Dios siempre se cumplen.

Mi oración para la hora de dormir

**¡Tus planes son maravillosos, Señor! Gracias
por protegerme y guiarme siempre.**

*... los que cobraban el impuesto del Templo se acercaron a Pedro
y preguntaron: —¿Su maestro no paga el impuesto del Templo?*

Mateo 17:24

Noche 48

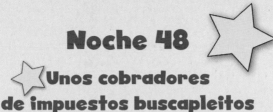

Unos cobradores
de impuestos buscapleitos

A algunos cobradores de impuestos les gustaba pelear y le dijeron
a Pedro: «Jesús no paga el impuesto del templo». Jesús le dijo a
Pedro que fuera a pescar. Le dijo que encontraría una moneda en
la boca de un pez y que con eso podría pagar el impuesto. Jesús no
tenía por qué pagar el impuesto porque es el Hijo de Dios, pero lo
hizo para que los demás no se enojaran.

Pídele a Dios que te ayude a saber cómo hacer lo correcto si
alguien intenta pelear contigo.

Mi oración para la hora de dormir

**Señor, ¡ayúdame a saber cómo tratar
con la gente buscapleitos!**

65

Todavía estaba hablando Jesús cuando llegó Judas, uno de los doce.
Lo acompañaba una gran turba armada con espadas y palos.

Mateo 26:47

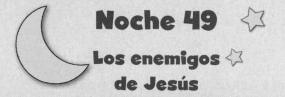

Noche 49

Los enemigos de Jesús

Judas era uno de los discípulos de Jesús, pero se volvió en contra de él y ayudó a los soldados a arrestarlo. Los soldados se burlaron de Jesús y lo colgaron de una cruz porque no creían que fuera el Hijo de Dios. Jesús no estaba enojado con Judas ni con los soldados. No intentó lastimarlos, porque sabía que Dios tenía un plan más grande.

Cuando otros nos tratan mal, tal vez tengamos ganas de defendernos, pero eso no fue lo que hizo Jesús. Pídele a Dios que te ayude a saber qué hacer.

Mi oración para la hora de dormir

Jesús, tú no lastimaste a los que te lastimaron.
Ayúdame a parecerme más a ti.

*—¿Quién eres, Señor? —preguntó. —Yo soy Jesús,
a quien tú persigues —contestó la voz—.*

Hechos 9:5

Noche 50

Jesús cambia
el corazón de un hombre malo

Saulo trataba muy mal a los seguidores de Jesús. Los lastimaba
y encerraba en la cárcel. Un día, una luz brillante lo dejó ciego.
Escuchó una voz que le decía: «Saulo, ¿por qué me persigues?».
Saulo le preguntó: «¿Quién eres?», y la voz le respondió: «Yo soy
Jesús». Entonces, Jesús le dijo cómo podía volver a ver. El corazón
de Saulo cambió. Pasó de odiar a Jesús a amarlo, y el Señor cambió
su nombre a «Pablo».

Jesús puede cambiar el corazón de las personas, incluso si al
principio son malas o crueles.

Mi oración para la hora de dormir

Señor, ayúdame a que mi corazón te refleje a ti.

Corazones que perdonan

Entonces Dios el Señor expulsó al ser humano del jardín del Edén para que trabajara la tierra de la cual había sido hecho.

Génesis 3:23

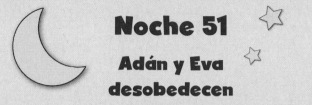

Noche 51

Adán y Eva desobedecen

Adán y Eva disfrutaban comiendo la fruta deliciosa del jardín del Edén. Pero un día desobedecieron a Dios y comieron de un árbol del que Dios les había prohibido comer. Pecaron contra Dios y ya no podían vivir más en el jardín. Aunque Adán y Eva pecaron, Dios los seguía amando, y los perdonó.

Dios nunca deja de amarnos. Perdona nuestros pecados cuando le pedimos perdón.

Mi oración para la hora de dormir

Señor, perdóname cuando peco.

*Pero Esaú corrió a su encuentro y, echándole los brazos al cuello,
lo abrazó y lo besó. Entonces los dos se pusieron a llorar.*

Génesis 33:4

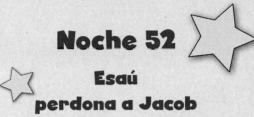

Noche 52

Esaú
perdona a Jacob

Jacob vivía con su tío Labán, pero Dios le dijo que era hora de volver a su tierra de origen. Jacob tenía miedo de volver a ver a su hermano Esaú. Pensó que él seguiría enojado, porque Jacob lo había tratado mal. Pero Esaú ya había perdonado a Jacob, y estaba feliz de verlo.

Cuando perdonamos a los demás, se quita el enojo que hay en nuestro corazón y eso nos ayuda a volver a ser amigos.

Mi oración para la hora de dormir

**Dios, a partir de mañana
ayúdame a perdonar más.**

*No obstante, José insistió: —¡Acérquense! Cuando
ellos se acercaron, él añadió: —Yo soy José, el hermano
de ustedes, a quien vendieron a Egipto.*

Génesis 45:4

Noche 53

Dios lo transforma en bien

José era un líder importante en Egipto. Sus hermanos fueron a
Egipto a comprar comida durante una época de hambre. Sin embargo,
no lo reconocieron. Cuando José les dijo quién era, ellos tuvieron
miedo, porque lo habían tratado muy mal cuando era joven. José les
dijo que Dios lo había enviado a Egipto para salvarles la vida.

José perdonó a sus hermanos porque confiaba en el plan de Dios.
Dios siempre tiene el control, así que hasta las cosas malas pueden
resultar para bien.

Mi oración para la hora de dormir

**Dios, ayúdame a ver tu plan cuando
me parezca que todo sale mal.**

*Al ver Dios lo que hicieron, es decir, que habían
abandonado su mal camino, cambió de parecer y no
llevó a cabo la destrucción que había anunciado.*

Jonás 3:10

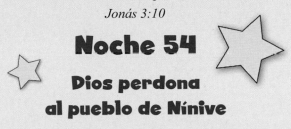

Noche 54

Dios perdona
al pueblo de Nínive

Dios le dijo a Jonás que fuera a Nínive y les dijera a los que
vivían allí que dejaran de hacer cosas malas. En vez de obedecer,
Jonás se subió a un barco y terminó en un mar tormentoso, donde
un enorme pez se lo tragó. Jonás le pidió perdón a Dios, así que él
le dio otra oportunidad. El pueblo de Nínive escuchó el mensaje de
Jonás. Le pidieron perdón a Dios y él los perdonó.

Dios siempre está dispuesto a perdonar a quienes le piden perdón.

Mi oración para la hora de dormir

**Señor, lamento todo lo malo que hice
hoy. Gracias por tu perdón.**

Así se presentó Juan, bautizando en el desierto y predicando el bautismo de arrepentimiento para el perdón de pecados.

Marcos 1:4

Noche 55

Juan el Bautista

Juan el Bautista vivía en el desierto y les hablaba a las personas sobre Dios. Les dijo que vivieran de manera que mostraran que amaban a Dios. También les dijo que Jesús había venido a salvarlos de sus pecados. Muchos lo escucharon. Se apartaron de sus pecados y empezaron a seguir a Dios, y Juan los bautizaba.

Cuando creemos en Jesús como nuestro Salvador, Dios perdona todos nuestros pecados.

Mi oración para la hora de dormir

**Jesús, tú quitas todos mis pecados.
Gracias por ser mi Salvador.**

«Perdónanos nuestras ofensas, como también nosotros hemos perdonado a nuestros ofensores».

Mateo 6:12

Noche 56
El Padrenuestro

Mientras Jesús le hablaba a una gran multitud, les enseñó una oración llamada «el Padrenuestro». La oración nos dice cómo podemos honrar el nombre de Dios cuando oramos. También podemos pedirle que nos dé lo que necesitamos. Otra parte de la oración es sobre el perdón. No solo le pedimos a Dios que nos perdone por las cosas malas que hemos hecho, sino que también prometemos perdonar a otros cuando nos tratan mal.

Dios nos perdonará cuando se lo pidamos, pero también quiere que perdonemos a otros. Perdonar nos ayuda a vivir como Dios quiere.

Mi oración para la hora de dormir

Señor, ayúdame a perdonar como tú perdonas.

*Así que emprendió el viaje y se fue a su padre. Todavía
estaba lejos cuando su padre lo vio y se compadeció de él;
salió corriendo a su encuentro, lo abrazó y lo besó.*

Lucas 15:20

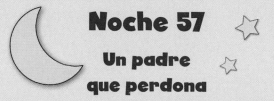

Noche 57

Un padre
que perdona

Jesús contó una historia sobre un hombre que tenía dos hijos. El
hijo más joven quería irse de su casa, así que el padre le dio algo de
dinero. Él se lo gastó todo en tonterías. Al poco tiempo, se le acabó
todo el dinero y tuvo hambre. Entonces, decidió volver a su casa.
Cuando el padre lo vio, corrió a encontrarse con él. Lo perdonó y se
alegró porque había vuelto.

Dios se parece a ese padre. Cuando volvemos a él, Dios está lleno
de amor y se alegra de perdonarnos.

Mi oración para la hora de dormir

**Gracias, Señor, por amar a los que regresan
a ti. Mantenme cerca de ti esta noche.**

—Hoy ha llegado la salvación a esta casa —le dijo Jesús—.
Lucas 19:9

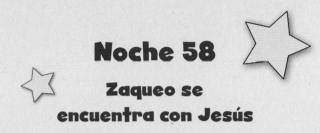

Noche 58

Zaqueo se encuentra con Jesús

Zaqueo era un cobrador de impuestos que le quitaba demasiado dinero a la gente. Un día, se subió a un árbol para poder ver mejor a Jesús. Jesús le dijo: «¡Hoy iré a tu casa, Zaqueo!». Después de estar con Jesús, el corazón de Zaqueo cambió. «Daré dinero a los pobres y devolveré todo lo que le quité a la gente», prometió. Jesús sabía que Zaqueo estaba arrepentido por lo que había hecho.

Cuando amamos a Jesús, eso cambia nuestra manera de tratar a las personas.

Mi oración para la hora de dormir

Jesús, quiero conocerte mejor para poder hacer lo correcto.

*Esto es mi sangre del pacto que es derramada
por muchos para el perdón de pecados.*

Mateo 26:28

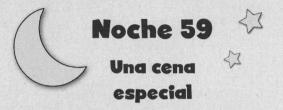

Noche 59

Una cena especial

Jesús sabía que pronto volvería al cielo, así que tuvo una cena especial con sus discípulos. Tomó un poco de pan, le dio gracias a Dios y lo partió en varios pedazos. «Este es mi cuerpo», dijo. Después tomó una copa de vino, dio las gracias y les dio a sus discípulos para que bebieran. «Esta es mi sangre. Perdonará sus pecados», dijo.

Los discípulos no entendieron lo que Jesús quería decir, pero pronto sabrían que el perdón viene a través de la sangre de Jesús, quien murió en la cruz para ser nuestro Salvador.

Mi oración para la hora de dormir

**Tú perdonas nuestros pecados, Jesús.
Gracias por tu gran amor.**

—Padre —dijo Jesús—, perdónalos, porque no saben lo que hacen.
Lucas 23:34

Noche 60

Jesús perdona

Los enemigos de Jesús lo clavaron a una cruz. Por eso, sus seguidores estaban muy tristes. No podían creer que eso estuviera sucediendo. Jesús ama a todos, incluso a sus enemigos. Entonces, le pidió a Dios que los perdonara por clavarlo a la cruz. Jesús es el Hijo de Dios que murió para perdonar nuestros pecados. Todos los que creen en Él reciben perdón.

Jesús es el Hijo de Dios que resucitó para que pudiéramos vivir con Él para siempre.

Mi oración para la hora de dormir

Jesús, gracias por perdonarme hoy y siempre. Dame vida eterna.

79

Sirve con amabilidad

Abraham alzó la vista y vio a tres hombres de pie cerca de él.
Al verlos, corrió desde la entrada de la tienda a saludarlos.

Génesis 18:2

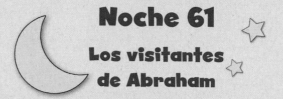

Noche 61

Los visitantes de Abraham

Abraham vio a tres hombres cerca de su carpa. Los invitó a descansar debajo de un árbol. No sabía quiénes eran, pero les trajo agua para lavarles los pies y algo para comer. Abraham atendió muy bien a sus visitantes, incluso antes de que ellos le contaran su feliz noticia. «Tu esposa Sara tendrá un hijo», le dijeron.

Siempre es bueno ser amable con los demás. Y cuando lo somos, ¡a veces Dios nos sorprende!

Mi oración para la hora de dormir

Señor, ayúdame a ser más amable mañana.

—¡Juramos por nuestra vida que la de ustedes no correrá peligro!
—contestaron ellos—. Si no nos delatas, seremos bondadosos contigo y
cumpliremos nuestra promesa cuando el SEÑOR nos entregue este país.

Josué 2:14

Noche 62

Rajab protege a los espías

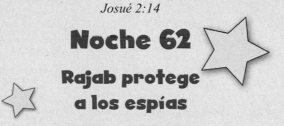

Josué envió a dos espías a la ciudad de Jericó. Ellos se quedaron en la casa de una mujer llamada Rajab. Cuando los soldados llegaron a capturar a los espías, ella los escondió en su techo para protegerlos. Los espías prometieron tratar bien a Rajab y cuidarla, porque ella los había tratado bien y los había protegido.

Cuando las personas se ayudan unas a otras, eso muestra que su corazón está lleno de bondad.

Mi oración para la hora de dormir

Dios, mañana quiero ser amable y ayudar a otros.

¡Que el Señor te recompense por lo que has hecho!
Que el Señor, Dios de Israel, bajo cuyas alas has
venido a refugiarte, te lo pague con creces.

Rut 2:12

Noche 63

Rut y Booz

Un hombre llamado Booz escuchó cómo Rut había ido a Judá para cuidar a su suegra, Noemí. Booz fue amable con Rut, porque vio que ella era amable con Noemí. Permitió que Rut recogiera granos en su campo y se aseguró de que siempre tuviera lo que necesitaba. Booz y Rut se casaron, y Dios los bendijo con un bebé varón.

Cuando las personas son amables, eso muestra la bondad que hay en su corazón.

Mi oración para la hora de dormir

Señor, llena mi corazón de bondad y amabilidad.

84

Ella fue e hizo lo que había dicho Elías, de modo que cada día hubo comida para ella y su hijo, como también para Elías.

1 Reyes 17:15

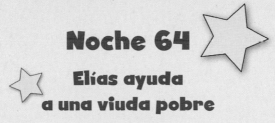

Noche 64

Elías ayuda a una viuda pobre

Elías se encontró con una viuda pobre que recogía leña, y le pidió que le hiciera un poco de pan. «Solo tengo suficiente harina y aceite para una comida», respondió ella. «No te preocupes», dijo Elías. «Dios te cuidará». Después de que la viuda le hizo pan a Elías, su tarro de harina estaba siempre lleno y su jarrón de aceite nunca se vaciaba.

Dios cuida de nosotros cuando nosotros nos ocupamos de los demás.

Mi oración para la hora de dormir

Señor, tú te ocupas de las personas
que cuidan a otros. Mañana, ayúdame a
mostrarles a otros que me importan.

Eliseo ordenó: —Sal y pide a tus vecinos que te
presten sus vasijas; que no sean pocas.

2 Reyes 4:3

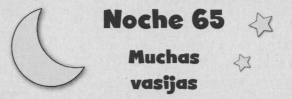

Noche 65

Muchas vasijas

Una mujer le dijo al profeta Eliseo: «Le debo dinero a un hombre, y no puedo pagarle. Lo único que tengo es un poco de aceite de oliva». Eliseo le dijo que consiguiera vasijas vacías de sus vecinos y las llenara con el aceite que tenía. Sus vecinos le dieron un montón. La mujer usó el aceite que tenía, ¡y llenó todas las vasijas! Entonces, Eliseo le dijo: «Vende el aceite y paga lo que debes».

A Dios le agrada que ayudemos a los demás al compartir lo que tenemos.

Mi oración para la hora de dormir

Señor, ayúdame a compartir con los demás mañana y todos los días.

Hagamos un cuarto en la azotea y pongamos allí una cama, una mesa con una silla y una lámpara. De ese modo, cuando nos visite, tendrá un lugar donde quedarse.

2 Reyes 4:10

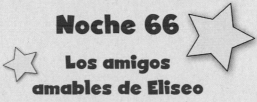

Noche 66

Los amigos amables de Eliseo

Una mujer y su esposo vivían en la ciudad de Sunén. Cada vez que Eliseo estaba en ese lugar, lo invitaban a quedarse en su casa. Incluso le hicieron un cuarto para que pudiera descansar allí. Eliseo estaba agradecido por su bondad. La pareja no tenía hijos, así que él les dijo: «Dios los bendecirá con un bebé». Eliseo quería que Dios los bendijera por haber sido tan amables con él.

Cuando los demás nos tratan con bondad, también podemos pedirle a Dios que los bendiga.

Mi oración para la hora de dormir

Señor, por favor, bendice a los que me trataron con bondad hoy.

87

Jesús dijo a los sirvientes: —Llenen de agua las tinajas.
Y los sirvientes las llenaron hasta el borde.

Juan 2:7

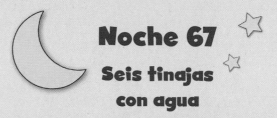

Noche 67

Seis tinajas con agua

Mientras Jesús y sus discípulos estaban en una boda, se acabó el vino. La madre de Jesús le pidió que ayudara. Él les dijo a los sirvientes que llenaran seis tinajas altas con agua. Cuando la gente probó el agua, tenía sabor a un vino delicioso. Jesús hizo un milagro porque se interesaba por las personas que estaban en la boda y no quería que nada saliera mal.

Jesús se interesa por todos. Nos trata a todos con amor y bondad.

Mi oración para la hora de dormir

Jesús, gracias por interesarte por mí. Hoy sentí tu amor.

*—Aquí hay un muchacho que tiene cinco panes de cebada
y dos pescados, pero ¿qué es esto para tanta gente?*

Juan 6:9

Noche 68

Un niño comparte su almuerzo

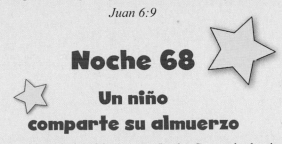

Una gran multitud había ido a ver a Jesús. Se estaba haciendo tarde y todos tenían hambre. Un niño muy amable le dio a Jesús dos pescados y cinco pancitos. «Eso no alcanzará para alimentar a cinco mil personas», dijeron los discípulos. ¡Pero fue más que suficiente! Jesús bendijo la comida, y los discípulos se la llevaron a todos. El niño le dio con generosidad a Jesús lo que tenía, y él lo multiplicó.

Cuando le ofrecemos nuestros dones a Jesús, él puede hacer cosas increíbles con ellos.

Mi oración para la hora de dormir

**Mañana, con tu ayuda, ¡puedo
hacer grandes cosas, Jesús!**

—Ese hombre que se llama Jesús hizo un poco de barro, me lo untó en los ojos y me dijo: «Ve y lávate en Siloé». Así que fui, me lavé y entonces pude ver.

Juan 9:11

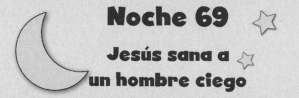

Noche 69

Jesús sana a un hombre ciego

Jesús y sus discípulos pasaron junto a un hombre ciego. Jesús dijo que el hombre era ciego para que Dios pudiera hacer un milagro en su vida. Después puso barro en sus ojos y le dijo que se lavara. El hombre hizo lo que Jesús le indicó y pudo ver.

Los milagros de Jesús mostraron que Dios lo había enviado y que él ama a su pueblo. Jesús también ama a las personas y quiere ayudarlas.

Mi oración para la hora de dormir

Gracias, Jesús, por la forma que muestras tu amor y tu bondad.

[Jesús] echó agua en un recipiente y comenzó a lavarles los pies a sus discípulos y a secárselos con la toalla que llevaba a la cintura.

Juan 13:5

Noche 70

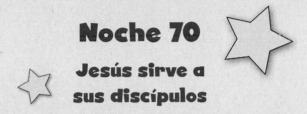

Jesús sirve a sus discípulos

Jesús y sus discípulos estaban compartiendo una comida especial. Los discípulos se sorprendieron cuando Jesús llenó un recipiente con agua y empezó a lavarles los pies. Normalmente, esa era la tarea de un sirviente. Jesús quería mostrarles que, si realmente amaban a Dios, tenían que servir a los demás.

Jesús nos dio un ejemplo de lo que significa servir a otros. Desea que les mostremos amor y bondad.

Mi oración para la hora de dormir

Jesús, ayúdame a servir a otros toda la semana.

Paz,
esperanza
y
paciencia

*Yo estoy contigo. Te protegeré por dondequiera que vayas
y te traeré de vuelta a esta tierra. No te abandonaré
hasta cumplir con todo lo que te he prometido.*

Génesis 28:15

Noche 71

Jacob tiene un sueño

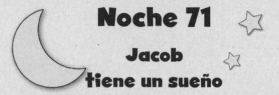

Jacob viajó muy lejos, hasta la casa de su tío Labán. Una noche, durante su viaje, soñó con unos ángeles que subían y bajaban por una escalera que llegaba al cielo. Dios le habló y le dijo: «Yo estoy contigo, Jacob, y te cuidaré. Le daré a tu familia toda esta tierra». Cuando Jacob despertó, se sintió feliz y en paz. Sabía que Dios siempre lo cuidaría.

Cuando quieras sentirte en paz, recuerda que Dios te está cuidando ahora mismo.

Mi oración para la hora de dormir

Señor, estoy feliz porque siempre estás conmigo.

Comieron los israelitas maná cuarenta años, hasta que llegaron a los límites de la tierra de Canaán, que fue su país de residencia.

Éxodo 16:35

Noche 72

Dios alimenta a los israelitas

Los israelitas tenían hambre cuando vivían en el desierto, pero Dios no se olvidó de ellos. Les mandaba codornices por la tarde y maná por la mañana. Cuando tenían sed, Dios les daba agua fresca de las rocas. Los israelitas tuvieron que ser pacientes y confiar en que Dios les daría lo que necesitaban.

Al igual que ellos, nosotros también podemos ser pacientes y confiar en que Dios nos dará lo que necesitamos. Él no se olvida de nosotros.

Mi oración para la hora de dormir

Dios, ¡hoy me diste lo que necesitaba! Gracias.

Entonces la palabra del Señor vino a Elías y le dio este mensaje: «Sal de aquí hacia el oriente y escóndete en el arroyo de Querit, al este del Jordán. Beberás agua del arroyo y yo ordenaré a los cuervos que te den de comer allí».

1 Reyes 17:2-4

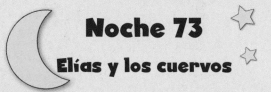

Noche 73
Elías y los cuervos

Elías le dijo al rey Acab que no llovería por mucho tiempo, y eso hizo enojar al rey. Dios le indicó a Elías que se escondiera. Entonces, Elías obedeció. Bebía agua de un arroyo, y Dios le enviaba cuervos que le llevaban comida. Elías no tenía miedo del rey Acab.

Tenía paz, porque sabía que Dios se ocuparía de él. Dios cuida a las personas que lo aman y confían en él.

Mi oración para la hora de dormir

Dios, gracias por cuidarme hoy.

*El ángel se acercó a ella y le dijo: —¡Te saludo, tú que
has recibido el favor de Dios! El Señor está contigo.*

Lucas 1:28

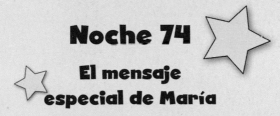

Noche 74

El mensaje especial de María

El ángel Gabriel tenía un mensaje especial para María. «Darás a luz al hijo de Dios. Su nombre será Jesús». María no entendió cómo podía pasar esto, porque no estaba casada. «No tengas miedo», le dijo Gabriel. «Todas las cosas son posibles para Dios». María amaba a Dios. Su corazón se llenó de esperanza y paz mientras esperaba el plan perfecto de Dios.

Si amamos a Dios, podemos confiar en su plan para nuestras vidas y estar llenos de paz.

Mi oración para la hora de dormir

**Señor, confiar en ti me da esperanza y
paz cuando me acuesto a dormir.**

... y, mientras [José y María] estaban allí, se le cumplió el tiempo [de dar a luz].

Lucas 2:6

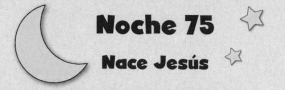

Noche 75

Nace Jesús

Desde el principio, Dios prometió que enviaría a su Hijo a la tierra para salvar a las personas del pecado. Después de miles de años, Jesús nació en la ciudad de Belén. Él arreglaría lo que se había roto entre las personas y Dios.

Cuando creemos en Jesús, tenemos la esperanza de vivir con él en el cielo para siempre. Incluso en momentos oscuros, ¡Jesús trae esperanza a todo el mundo!

Mi oración para la hora de dormir

Jesús, gracias por la esperanza que traes al mundo cada día.

*«Gloria a Dios en las alturas, y en la tierra paz
a los que gozan de su buena voluntad».*

Lucas 2:14

Noche 76

Paz
en la tierra

La noche en que Jesús nació, un ángel anunció la buena noticia a unos pastores que estaban cuidando sus ovejas. Después, un coro de ángeles empezó a alabar a Dios: «¡Gloria a Dios en las alturas! En la tierra paz a los que gozan de su buena voluntad».

Jesús vino a traer paz a un mundo lleno de problemas. Cuando creemos en él podemos tener paz en nuestro corazón, sin importar lo que suceda a nuestro alrededor.

Mi oración para la hora de dormir

**Jesús, saber que me amas me
llena de paz esta noche.**

99

«Según tu palabra, Soberano Señor, ya puedes despedir a tu siervo en paz».

Lucas 2:29

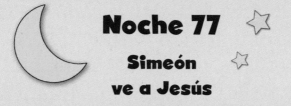

Noche 77

Simeón ve a Jesús

Simeón creía en la promesa de Dios de enviar un Salvador al mundo. El Espíritu Santo le dijo que viviría para ver al Salvador, así que, con paciencia, Simeón esperó muchos años. Cuando conoció a José, María y el bebé Jesús en el templo, supo que Jesús era el Salvador. Lo tomó en sus brazos y alabó a Dios.

Es difícil ser paciente cuando estamos esperando algo con entusiasmo. Pero todo sucede en los tiempos de Dios, y sus tiempos son siempre los correctos.

Mi oración para la hora de dormir

Dios, ayúdame a ser paciente y esperar que las cosas sucedan en tu tiempo.

—Señor, no merezco que entres bajo mi techo. Pero basta con
que digas una sola palabra y mi siervo quedará sano.

Mateo 8:8

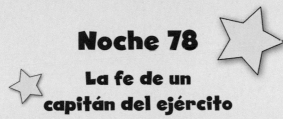

Noche 78

La fe de un
capitán del ejército

El capitán de un ejército tenía un siervo que estaba muy enfermo,
y sabía que Jesús podía sanarlo. El capitán puso su esperanza y su
fe en él. Le dijo a Jesús que tan solo dijera una palabra y su siervo
se sanaría. A Jesús le agradó la fe del capitán, y sanó al sirviente con
tan solo decir una palabra.

A Jesús le gusta que nuestra fe sea fuerte y que confiemos en que
él nos traerá días mejores.

Mi oración para la hora de dormir

Jesús, mañana pondré mi fe y mi esperanza en ti.

Los discípulos no salían de su asombro y decían: «¿Qué clase de hombre es este que hasta los vientos y el mar le obedecen?».

Mateo 8:27

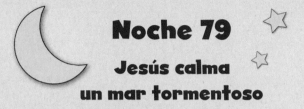

Noche 79

Jesús calma un mar tormentoso

Jesús y sus discípulos estaban en una barca cuando comenzó una gran tormenta. Los discípulos tenían miedo porque el viento y las olas sacudían la barca. Fueron a despertar a Jesús y gritaron: «¡Sálvanos! ¡Vamos a ahogarnos!». Jesús le mandó a la tormenta que se detuviera, y de repente, el lago se calmó y quedó tranquilo.

Cuando tengas miedo o te sientas nervioso, puedes pedirle ayuda a Jesús. Si puede calmar un mar tormentoso, también puede traer paz a tu corazón.

Mi oración para la hora de dormir

Señor, cuando tengo miedo, tú me das paz.

*«¡Miren que vengo pronto! Traigo conmigo mi recompensa
y le pagaré a cada uno según lo que haya hecho».*

Apocalipsis 22:12

Noche 80

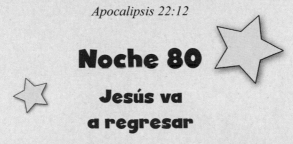

Jesús va
a regresar

Después de que Jesús partió al cielo, su discípulo Juan tuvo una visión. Jesús le contó a Juan sobre todas las cosas alegres y hermosas que hay allí, y que habrá un cielo nuevo y una tierra nueva algún día. Le dijo: «Volveré a arreglar todas las cosas».

Cuando Jesús regrese, gobernará sobre el cielo y la tierra. Si miramos todos los problemas del mundo, puede ser difícil esperar con paciencia a Jesús, pero su promesa de volver nos da esperanza.

Mi oración para la hora de dormir

**Jesús, quiero esperar a que vuelvas
y hagas nuevas todas las cosas.**

Amar a Dios y a los demás

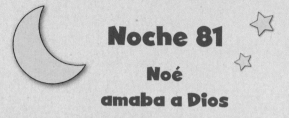

*Noé era un hombre justo e íntegro entre su
gente, y anduvo fielmente con Dios.*

Génesis 6:9

Noche 81

Noé
amaba a Dios

Cuando Dios creó el mundo, todo era bueno. Pero después de un
tiempo, las personas se alejaron de él y le rompieron el corazón.
Entonces Dios decidió enviar un diluvio para lavar todas las cosas.
Pero Dios vio que Noé lo amaba, entonces le dijo que construyera
un arca para su familia y muchos animales. Noé amaba tanto a Dios
que hizo exactamente lo que él le había pedido.

Dios protegió a Noé y le prometió que no volvería a enviar otro
diluvio como ese. A Dios le agrada que las personas lo amen y lo sigan.

Mi oración para la hora de dormir

Dios, mañana ayúdame a amarte como te amó Noé.

«Yo soy el Señor tu Dios. Yo te saqué de Egipto, del país donde eras esclavo. No tengas otros dioses además de mí».

Éxodo 20:2-3

Noche 82

Los Diez Mandamientos

Mientras los israelitas vivían en el desierto, Dios le dio a Moisés los Diez Mandamientos para enseñarle al pueblo cómo quería que vivieran. Los primeros cuatro mandamientos se tratan de amar a Dios. Los seis restantes hablan de cómo tratar a las demás personas.

Los mandamientos que Dios les dio a los israelitas también son para nosotros. Dios quiere que lo amemos más que a todo, y que mostremos amor y bondad a los demás.

1. DIOS ES EL ÚNICO VERDADERO DIOS.

2. NUNCA TENGAS ÍDOLOS.

3. NUNCA EMPLEES A LA LIGERA EL NOMBRE DE DIOS.

4. DESCANSA EN EL DÍA DE REPOSO, CONSIDÉRALO SAGRADO.

5. HONRA A TU PADRE Y A TU MADRE.

6. NO MATES.

7. LOS ESPOSOS NO COMETAN ADULTERIO.

8. NO ROBES.

9. NO MIENTAS.

10. NUNCA DESEES LO QUE PERTENECE A OTROS.

Mi oración para la hora de dormir

Señor, ayúdame a obedecer tus mandamientos esta semana.

El Señor dijo a Samuel: —Este es; levántate y úngelo.
1 Samuel 16:12b

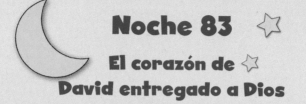

Noche 83

El corazón de
David entregado a Dios

Dios quería un nuevo rey para Israel, así que envió a Samuel a ver a un hombre llamado Isaí. Samuel miró a los hijos de Isaí y pensó que el más grande y fuerte era perfecto para ser el rey. Pero Dios eligió a David, el hijo más joven, porque David amaba a Dios con todo su corazón. Dios no se fija en la apariencia de las personas; ve lo que hay en su corazón.

No importa cuán grandes o fuertes seamos, lo que importa es cuánto amamos a Dios. Él elige a personas que lo aman.

Mi oración para la hora de dormir

Señor, dame un corazón que te ame.

... la bondad y el amor me seguirán todos los días de mi vida; y en la casa del SEÑOR habitaré para siempre.

Salmos 23:6

Noche 84

Las ovejas de David

Cuando David era niño, pasó muchos años cuidando las ovejas de su padre. Miraba las ovejas y las protegía de los animales salvajes. Las llevaba a lugares donde podían comer hierba verde y beber agua fresca de algún arroyo.

En el salmo 23, David dice que Dios ama a su pueblo tal como un pastor ama a sus ovejas. Cuando entendemos cuánto nos ama Dios, ¡nos resulta fácil amarlo también!

Mi oración para la hora de dormir

**Dios, protégeme y guíame mañana.
Puedo sentir tu amor.**

Elías [...] oró así: «Señor, Dios de Abraham, de Isaac y de Israel, que todos sepan hoy que tú eres Dios en Israel y que yo soy tu siervo.

1 Reyes 18:36b

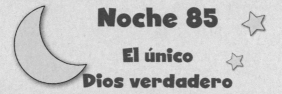

Noche 85

El único Dios verdadero

Elías adoraba a Dios, pero el rey Acab adoraba a un dios falso llamado Baal. Elías y el rey se encontraron en el monte Carmelo, donde cada uno edificó un altar. «Pídele a tu dios que envíe fuego al altar», dijo Elías. Acab oró y oró, pero no pasó nada. Entonces, Elías oró al único Dios verdadero, y desde el cielo, ¡cayó fuego y quemó todo!

Elías demostró que amaba y adoraba al único Dios verdadero, y nosotros también podemos amarlo y adorarlo.

Mi oración para la hora de dormir

Dios, eres el único Dios al que amo y adoro.

Ana dio gracias a Dios y comenzó a hablar del niño a todos los que esperaban la redención de Jerusalén.

Lucas 2:38

Noche 86

Ana en el templo

Ana amaba mucho a Dios. Ella era una profetisa que vivía en el templo, y oraba a Dios de día y de noche. Un día, María y José llevaron al bebé Jesús al templo. Ana lo vio y dio gracias a Dios por enviar a su Hijo. Estaba feliz, así que les habló a todos en el templo sobre Jesús, el Salvador del mundo.

Todos los que aman a Dios pueden hablarles a los demás de Jesús. Así, todo el mundo sabrá.

Mi oración para la hora de dormir

Esta semana, Señor, ayúdame a hablarles a otros de Jesús.

Como respuesta el hombre citó: —«Ama al Señor tu Dios con todo tu corazón, con todo tu ser, con todas tus fuerzas y con toda tu mente», y «Ama a tu prójimo como a ti mismo».

Lucas 10:27

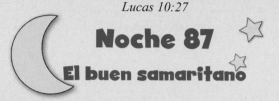

Noche 87
El buen samaritano

«¿Quién es mi prójimo?», preguntó un maestro de la ley. Jesús respondió con una historia. «Unos ladrones golpearon a un hombre y le robaron todo. Al rato, pasó caminando un sacerdote, pero no lo ayudó. Un hombre que trabajaba en el templo también pasó por ahí, y tampoco lo ayudó. Cuando un samaritano lo vio, le vendó las heridas y lo llevó hasta una posada a descansar. Ahora, ¿quién fue el prójimo del hombre lastimado?». El maestro respondió: «El samaritano».

Jesús quiere que cuidemos de los demás como hizo el samaritano. Cuando veamos que alguien necesita ayuda, acerquémonos y mostremos el amor de Dios.

Mi oración para la hora de dormir
Dios, ayúdame a buscar maneras de parecerme al samaritano mañana.

*—Les aseguro —dijo— que esta viuda pobre
ha echado más que todos los demás.*

Lucas 21:3

Noche 88

Las monedas
de la viuda

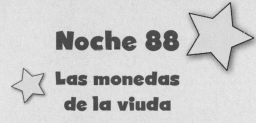

Un día, Jesús estaba en el templo cuando unas personas fueron a poner dinero en la alcancía de las ofrendas. Algunos ricos ponían mucho dinero. Pero después llegó una viuda pobre que amaba a Dios, y puso dos monedas en la alcancía. Jesús la vio. Aunque los otros ponían más dinero, Jesús dijo que ella había dado más, porque dio todo lo que tenía.

Lo que le damos a Dios muestra cuánto lo amamos.

Mi oración para la hora de dormir

Señor, prometo darte lo mejor de mí mañana.

Cuando terminaron de desayunar, Jesús preguntó a Simón Pedro: —Simón, hijo de Juan, ¿me amas más que estos? —Sí, Señor, tú sabes que te quiero —contestó Pedro.

Juan 21:15

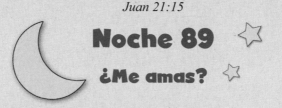

Noche 89

¿Me amas?

Los discípulos pasaron toda la noche intentando pescar, pero no atraparon nada. Jesús los llamó desde la orilla: «Arrojen las redes al otro lado de la barca». Enseguida, la red se llenó de peces. Pedro saltó al agua y nadó hacia Jesús. «¿Me amas?», le preguntó Jesús. «Tú sabes que te quiero», le dijo Pedro. «Entonces, alimenta a mis ovejas», dijo Jesús.

Las ovejas de Jesús son las personas que lo siguen. Si amamos a Jesús, amaremos y cuidaremos a su pueblo.

Mi oración para la hora de dormir

Jesús, quiero que sepas que te amo. Ayúdame a mostrar amor a otros también.

Nosotros les anunciamos las buenas noticias respecto a la promesa hecha a nuestros antepasados. Dios nos la ha cumplido plenamente a nosotros, los descendientes de ellos, al resucitar a Jesús...

Hechos 13:32-33

Noche 90

Pablo comparte la buena noticia

Después de que Pablo empezó a seguir a Jesús, viajó a muchos lugares y les habló a muchas personas sobre él. Pablo lo amaba y quería que los demás también lo hicieran. Pablo bautizaba a las personas y abría nuevas iglesias. Muchos empezaron a seguir a Jesús porque Pablo les explicaba que Dios envió a Jesús a salvarnos de nuestros pecados.

Dios quiere que amemos tanto a Jesús que eso nos lleve a compartir la buena noticia con todos.

Mi oración para la hora de dormir

Jesús, ayúdame a contar tu buena noticia.

El propósito de Dios para nosotros

... dijo Dios: «Hagamos al ser humano a nuestra imagen y semejanza. Que tenga dominio sobre los peces del mar y sobre las aves del cielo; sobre los animales domésticos, sobre los animales salvajes y sobre todos los animales que se arrastran por el suelo».

Génesis 1:26

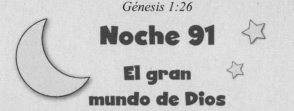

Noche 91

El gran mundo de Dios

En el principio, Dios creó nuestro bello mundo. Hizo el sol, la luna y las estrellas. También hizo la tierra y el mar. Hizo peces, aves y todos los animales que se arrastran, corren o trepan. A Dios le gustó lo que había hecho, pero quería que alguien disfrutara de su hermosa creación. Entonces, hizo a un hombre y una mujer, que fueron las primeras personas que vivieron sobre la tierra.

Dios quiere que disfrutemos de su mundo y que cuidemos todo lo que él hizo.

Mi oración para la hora de dormir

Dios, gracias por crear nuestro mundo maravilloso. Ayúdame a cuidarlo bien cada día.

*Por eso a la ciudad se le llamo Babel, porque fue allí donde
el Señor confundió el lenguaje de todos los habitantes
de la tierra y los dispersó por todo el mundo.*

Génesis 11:9

Noche 92

Una torre alta

Después del gran diluvio, todos hablaban el mismo idioma. Las
personas decidieron trabajar juntas para edificar una torre que
llegara hasta el cielo, para que todos supieran lo grandes que eran.
Estaban actuando como si ya no necesitaran a Dios. Entonces,
Dios confundió su lenguaje, para que ya no pudieran trabajar juntos
en la torre.

Está bien tener grandes planes y sueños, pero no está bien
olvidarse de Dios. No importa lo que planeemos o soñemos,
siempre lo necesitamos a él.

Mi oración para la hora de dormir

**Dios, muéstrame tu voluntad en todo
lo que haga esta semana.**

119

*Ya crecido el niño, se lo llevó a la hija del faraón y ella
lo adoptó como hijo suyo; además, le puso por nombre
Moisés, pues dijo: «¡Yo lo saqué del río!».*

Éxodo 2:10

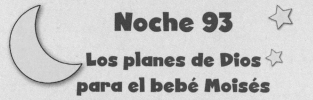

Noche 93

Los planes de Dios
para el bebé Moisés

Una mujer israelita tuvo un bebito. El bebé estaba en peligro, así
que ella lo colocó en una canasta y lo llevó al río. Allí, lo encontró
la hija del faraón. La princesa le permitió a la mamá de Moisés que
lo cuidara mientras era un bebé. Moisés creció en el palacio porque
Dios tenía planes para él. Algún día, él llevaría a todos los israelitas
fuera de Egipto.

Dios tiene un plan para la vida de cada uno de nosotros. Mientras
estás creciendo, puedes orar y pedirle a Dios que te muestre su plan.

Mi oración para la hora de dormir

Dios, ayúdame a conocer tu plan para mi vida.

*Cada vez que la nube se levantaba y se apartaba del
santuario, los israelitas se ponían en marcha. Si la nube
no se levantaba, ellos no se ponían en marcha.*

Éxodo 40:36-37

Noche 94

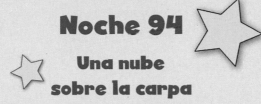

Una nube
sobre la carpa

Cuando los israelitas vivían en el desierto, Dios les dijo que levantaran una carpa de campamento llamada *tabernáculo*. Dios ponía una nube sobre la carpa. Mientras la nube se quedaba sobre la carpa, los israelitas permanecían ahí. Cuando la nube se movía, el pueblo la seguía. Los israelitas siempre sabían adónde Dios quería que fueran.

También hoy, podemos pedirle a Dios que nos guíe adonde quiere que vayamos, y podemos seguirlo.

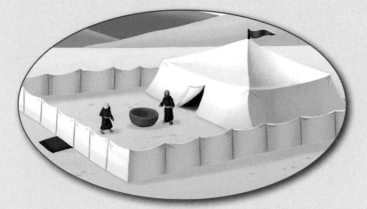

Mi oración para la hora de dormir

Mañana, guíame adonde quieras que vaya, Señor.

*Juan era aquel de quien había escrito el profeta Isaías:
«Voz de uno que grita en el desierto: "Preparen el
camino para el Señor, háganle sendas derechas"».*

Mateo 3:3

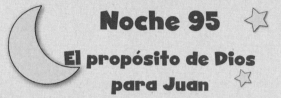

Noche 95

El propósito de Dios
para Juan

Dios tenía un propósito especial para la vida de Juan el Bautista.
Juan le enseñaba a la gente sobre el perdón de Dios y sobre cómo
él quiere que vivamos. Bautizaba a muchas personas en el río. «Ya
viene alguien mayor que yo para salvarlos», decía. Juan estaba
hablando de Jesús. Y un día, Jesús mismo le pidió a Juan que lo
bautizara.

No importa qué propósito tenga Dios para nosotros, podemos
hablarles a otros sobre Jesús.

Mi oración para la hora de dormir

**Señor, gracias porque tienes un
propósito especial para mi vida.**

*También se parece el reino de los cielos a una red
echada al lago, que atrapa peces de toda clase.*

Mateo 13:47

Noche 96

Los peces
buenos

Jesús le contó una historia a una gran multitud. Dijo: «Unos pescadores atraparon muchos peces en su red y los llevaron a la orilla. Se quedaron con los peces buenos y desecharon los malos». Jesús dijo esto para ayudarlos a entender que los peces buenos son las personas que pertenecen al reino de Dios.

Dios quiere que nos unamos a su reino, y podemos hacerlo al creer en Jesús.

Mi oración para la hora de dormir

**Dios, gracias porque soy parte de
tu reino a través de Jesús.**

Al llegar, reúne a sus amigos y vecinos y les dice: «Alégrense conmigo; ya encontré la oveja que se me había perdido».

Lucas 15:6

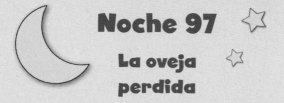

Noche 97

La oveja perdida

Jesús enseñó que Dios es como un pastor, y los que están en su pueblo son como ovejas. Dijo: «Si una oveja se pierde, el pastor la busca hasta que la encuentra. Después, hace una gran fiesta». Es lo mismo que Dios siente por sus hijos.

Cuando nos alejamos de él, Dios se pone triste. Pero cuando volvemos a Dios y le decimos cuánto lo amamos, él celebra con los ángeles en el cielo.

Mi oración para la hora de dormir

Señor, ayúdame a no alejarme de ti en los días que vienen.

*Empezaron a llevarle niños a Jesús para que los tocara,
pero los discípulos reprendían a quienes los llevaban.*

Marcos 10:13

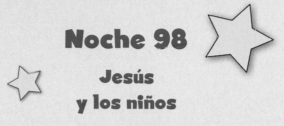

Noche 98

Jesús
y los niños

Cuando los adultos llevaban a sus hijos a ver a Jesús, los discípulos les decían que se fueran, porque pensaban que Jesús estaba demasiado ocupado. Pero él les dijo: «¡Dejen que los niños vengan a mí! Mi reino les pertenece». Jesús tomó en brazos a los niños. Los bendecía poniendo las manos sobre ellos.

No hace falta que esperes a crecer para tener un lugar y un propósito en su reino. Jesús ama a todos sus hijos, ¡y tú eres uno de ellos!

Mi oración para la hora de dormir

Jesús, acompáñame y bendíceme mientras duermo.

Por tanto, vayan y hagan discípulos de todas las naciones, bautizándolos en el nombre del Padre y del Hijo y del Espíritu Santo.

Mateo 28:19

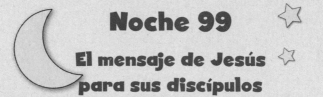

Noche 99

El mensaje de Jesús para sus discípulos

Después de que Jesús resucitó, les dijo a sus discípulos que pronto se iría al cielo. Entonces, les dio una tarea muy importante. Les dijo: «Vayan por todo el mundo y háblenles a las personas sobre mí. Hagan nuevos discípulos y enséñenles a obedecer mis mandamientos».

Algún día, Dios quizás tenga una tarea especial para ti también. Hasta entonces, sigue leyendo la Biblia para descubrir más sobre sus planes para ti.

Mi oración para la hora de dormir

Jesús, gracias porque puedo aprender más sobre ti cada día.

[Los creyentes] se mantenían firmes en la enseñanza de los apóstoles, en la comunión, en el partimiento del pan y en la oración.

Hechos 2:42

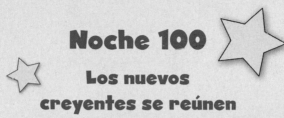

Noche 100

Los nuevos creyentes se reúnen

A medida que los discípulos les enseñaban a otros sobre Jesús, muchos creyeron en él. Los nuevos creyentes querían saber más sobre Dios, así que se encontraban en las casas de la gente para estudiar y orar. Ellos compartían todo lo que tenían; así empezaron las primeras iglesias.

Dios quiere que nos encontremos con otras personas, nos ayudemos unos a otros y oremos juntos. Podemos seguir haciéndolo hasta el día en que Jesús regrese.

Mi oración para la hora de dormir

Jesús, gracias porque puedo estar con otras personas que te aman.

¡Construyendo cimientos de fe
en los niños desde hace más de 30 años!

La Biblia para principiantes
9780829767469
Tapa dura

La Biblia para principiantes® ha sido la favorita de los niños pequeños y sus padres desde su lanzamiento en 1989, con más de veintiocho millones de productos vendidos. Aunque se han hecho varias actualizaciones desde sus primeros días, *esta* Biblia seguirá construyendo cimientos de fe en los más pequeños durante muchos años más.

Con historias repletas de fe y diversión, *La Biblia para principiantes*® es un maravilloso regalo para cualquier niño. El texto resulta fácil de leer, y las brillantes ilustraciones a todo color que aparecen en cada página brindan una forma perfecta para introducir a los niños pequeños en las historias y los personajes de la Biblia. Con un nuevo y vibrante arte tridimensional, más de noventa historias bíblicas cobran vida. Los niños de ocho años, y menores de esa edad, disfrutarán con las divertidas ilustraciones de Noé ayudando al elefante a entrar en el arca, o de Jonás orando dentro del pez, mientras descubren *La Biblia para principiantes*® al igual que lo hicieron millones de niños antes. *La Biblia para principiantes*® fue galardonada con el Premio Retailers Choice Award 2006, en la categoría de No ficción para niños.

Más productos de *La Biblia para principiantes*® por descubrir:

The Beginners Bible (Bilingual) /
La Biblia para principiantes (Bilingüe)
9780829767438

La Biblia para principiantes, primeras
100 palabras de la Biblia
9780829772494

La Biblia para principiantes -
Historias acerca de Jesús
9780829768022